AF247834

LA
RÉPUBLIQUE SOCIALE

PAR

FRÉDÉRIC STACKELBERG

PRIX 25 Centimes

PARIS

Typographie A.-M. Beaudelot & A. Méliès

16, RUE DE VERNEUIL, 16

—

1890

LA
RÉPUBLIQUE SOCIALE

LA
RÉPUBLIQUE SOCIALE

PAR

FRÉDÉRIC STACKELBERG

PRIX 25 Centimes

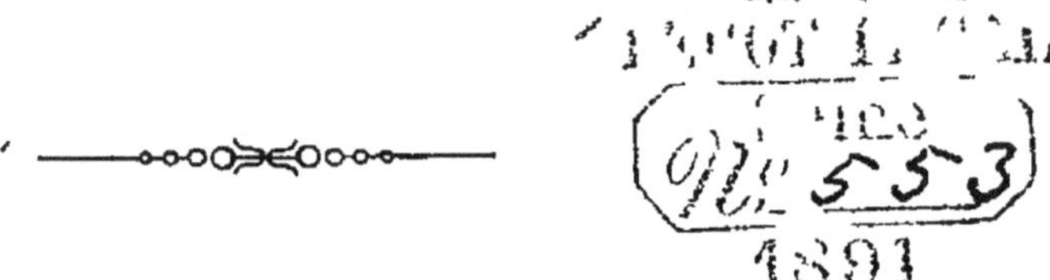

PARIS

Typographie A.-M. Beaudelot & A. Méliès

16, RUE DE VERNEUIL, 16

1890

LA RÉPUBLIQUE SOCIALE

La Démocratie-Socialiste de tous les pays pousuit, par l'affranchissement économique du Prolétariat, l'émancipation intégrale de l'Humanité du joug séculaire de la servitude et de la faim.

Le but entrevu par tous les socialistes conscients est d'arriver, lorsque l'effort révolutionnaire de la foule militante aura réussi à supprimer le salariat, forme dernière de l'esclavage, à une organisation sociale, où chaque être humain pourra se déterminer d'après les mobiles inhérents à sa nature sans porter le moindre préjudice à l'intérêt général.

A l'aurore de notre histoire, les hommes étaient parqués en clans, la caste était la division aristocratique dans l'antiquité et au moyen âge, la séparation de la société en deux classes, la classe des possédants et des non possédants, des salariants et des salariés correspond à la période actuelle, la période capitaliste. A son tour la classe capitaliste est elle-même destinée, par la fatalité de l'évolution industrielle, à détruire toute aristocratie et toute diversité de race et de nation et à devenir ainsi son propre fossoyeur en préparant la voie à la société communiste.

La société communiste, dont les éléments embryonnaires se dessinent déjà aujourd'hui à travers les déchirements d'un monde qui finit, sera cet état social supérieur, où le gouvernement de l'homme sur l'homme, sous toutes ses formes, aura fait place aux décisions souveraines de la Science appelée seule à trancher les difficultés qui pourront surgir entre les intéressés, où la terre et toutes les forces productives seront le patrimoine indivis de l'humanité entière, où l'équivalence des fonctions effacera à jamais l'infériorité du travail manuel, où l'instruction et l'éducation de l'enfance, arrachées au hasard familial, seront socialement garanties et confiées à ceux et à celles qui en ont la vocation et l'aptitude, où la femme, l'éternelle victime du spiritualisme et des civilisations anciennes, réhabilitée par l'amour libre deviendra véritablement la compagne de l'homme, son égale en droits et son égale devant les mœurs et d'où le crime et la misère auront disparu à jamais les sources qui les alimentent étant taries.

Voilà en quelques mots le but, non de l'évolution humaine, nous ne saurions le prévoir, mais des aspirations de l'avant-garde socialiste de notre XIXe siècle.

Nous voulons essayer maintenant d'exposer sommairement les principales mesures, qui, selon nous, seraient efficaces pour hâter l'éclosion de l'ère nouvelle. En ce faisant, nous devons d'abord nous pénétrer de cette vérité élémentaire, que l'avenir ne peut être qu'une résultante des données du présent. Il ne saurait par conséquent être bâti d'après les conceptions mentales, soumises à toutes les fluctuations de quelques individus, si bien inspirés fussent-ils. C'est dire que nous ne saurions en aucun cas souscrire ni à cette conception anarchiste, qui voit dans le suffrage universel la plus grande mystification de notre temps, ni à cette autre idée également anarchiste et qui tourne le dos à toute l'évolution économique contemporaine lorsqu'elle prétend vouloir dissoudre la société en presque autant de groupes autonomes de producteurs qu'il y a d'individus.

Certes, le suffrage universel tel qu'il est constitué est loin d'être notre idéal et nous croyons fermement que l'avenir socialiste trouvera un moyen plus démocratique et plus scientifique en même temps pour trancher et résoudre les litiges qui pourront se produire dans le sein de la collectivité.

Pas plus les anarchistes que nous n'ont trouvé cette formule nouvelle et force nous est donc faite, à moins de vouloir faire le jeu des aristocrates et des réactionnaires, de tirer du suffrage universel tout ce qu'il peut donner pour le progrès révolutionnaire.

Le suffrage universel sous-entend dans son

acception la plus large, bien-être et savoir universels et confine par là au socialisme. A nous de l'organiser de façon qu'il puisse devenir entre les mains du peuple un instrument d'agitation efficace et d'émancipation certaine.

I

DE LA CONSTITUTION

Dans l'état actuel de la France, — nous ne parlons même pas des autres pays d'Europe, qui ont tous encoie un roi ou un empereur à guillotiner, — l'action gouvernementale concentrée dans un Sénat anti-diluvien, une Chambre irresponsable devant ses électeurs et une Présidence, rouage monarchique et véritable invite aux coups d'état, est essentiellement oligarchique.

Le balayage de l'ordure sénatoriale et la suppression de la Présidence s'imposent tout d'abord par simple mesure de salubrité publique.

L'action gouvernementale doit être organisée ensuite de la façon la plus démocratique pour que le peuple puisse toujours avoir ses mandataires éventuels sous la main.

Les principaux moyens que nous préconisons à ce sujet sont la suppression de la préfecture de police, la liberté de la presse, de réunion et d'association mises constitutionnellement hors de l'atteinte du législateur, l'assimilation du mandat politique au mandat civil et la fixation de la durée maxima du mandat, de tout mandat législatif, régional ou municipal, à un an.

Contrairement à ce qui est, nous préconisons l'organisation de la République *de bas en haut*.

Le droit d'initiative populaire ainsi que celui des minorités doivent être inscrits dans la constitution.

Comme base de la République nous voulons la Commune maîtresse de son administration, de ses services publics et de sa police avec des mandataires toujours responsables et révocables et nommés au maximum pour un an.

La réunion d'un nombre de communes à déterminer formera la représentation régionale. Les grandes villes industrielles seront le centre de chaque région.

Le pouvoir central — Assemblée ou Convention Nationale — issu de même du suffrage universel et direct devra être nommé avec mandat impératif sous le contrôle des communes et également pour une année.

Le pouvoir exécutif doit émaner de la représentation directe du Peuple Souverain : la Convention. Son action doit être limitée, comme l'indique le mot, à la promulgation des décrets et lois, à l'expédition des affaires et à la charge d'entretenir les relations avec l'extérieur. Le pouvoir exécutif ne devra être *qu'une simple délégation* composée de 7, 9, 11, 13, ou 15 citoyens nommés pour une session ou un an au plus selon les nécessités du moment et être toujours révocables. Ce comité exécutif pourrait être investi temporairement, lorsque l'intérêt supérieur de la République le réclamerait, mais toujours sous le contrôle de l'Assemblée Nationale, des pouvoirs d'un comité de Salut Public.

On devra aussi, pour n'abandonner rien au hasard ni à la bonne ou mauvaise volonté des législateurs, fixer constitutionnellemet les dates des élections. Le premier dimanche de mai pourrait être choisi pour l'élection des représentants des communes et le dernier dimanche de septembre pour celle de la Convention nationale.

A ceux qui nous reprocheraient de trop nous inspirer dans notre ébauche constitutionelle de la période révolutionnaire de 1793, nous répondrons simplement que nous n'écrivons pas pour l'an 2000, pour un avenir sûrement socialiste, mais pour le présent.

Nous voulons faire œuvre pratique et trouver la formule la plus compréhensible, la plus populaire, la plus maléable et la plus démocratique à la fois pour sortir de la décomposition sociale où nous nous enfonçons de plus en plus. L'évocation des souvenirs de 1793 n'est du reste pas pour nous déplaire. Ce fut le point lumineux de ce long et épouvantable cauchemar, qui d'après Buchner, est l'histoire de notre humanité. 93 était le débordement de toutes les générosités, de toutes les émulations, de tous les enthousiasmes, 93, c'était la loi martiale du Peuple et la vivifiante terreur

révolutionnaire. Il est bon d'évoquer les dé-
sintéressements et les héroïsmes d'alors à une
époque de cupidité et de lâcheté comme la
nôtre.

II

DE L'ARMÉE

Toute refonte politique et constitutionnelle,
fut-elle la plus démocratique, la plus égalitaire, ne serait qu'un moyen de transforma-
tion platonique, si les colonnes qui étayent
l'état bourgeois, l'exploitation capitaliste et la
famille juridique n'étaient ébranlées dans
leurs bases constitutives.

Le premiér devoir de la Révolution est de
désarmer ses ennemis et d'armer ses partisans.
C'est pourquoi nous devons inscrire en tête
de notre programme politique, à côté de la
refonte égalitaire des rouages constitution-
nels, la suppression *immédiate* des armées
permanentes et l'armement général du peuple.

La réduction à un an pour tous du service

militaire actif, qui en apportant un soulagement réel ne nuirait en rien à l'organisation même de l'armée, n'a en dépit de toute logique pas même été discutée par nos parlementaires bourgeois. Le service d'un an est bon, suffisant et au-delà pour faire d'un bachelier ou d'un séminariste un soldat aguerri, il est trop court pour faire d'un campagnard, d'un ouvrier ou d'un artisan, non pas un soldat, mais un instrument passif prêt à toutes les besognes entre les mains de nos Saussier, Gallifet et autres Boulanger. Voilà pourquoi nos Chambres n'ont même pas discuté la réduction du service militaire à un an pour tous.

L'armée a été de tous temps l'école de la dépravation et de l'assassinat, un moyen de défense nationale absolument illusoire, le plus formidable instrument dans les mains des dirigeants, en un mot l'antithèse vivante de la République et de la Démocratie.

Dans les préoccupations de la bourgeoisie, l'armée permanente a pris la première place. Elle est le paladium, elle personnifie la bravoure, le dévouement, l'honneur national, la bourgeoisie lui attribue toutes les qualités, et menace de ses foudres le téméraire qui met en doute l'utilité et les vertus de ce terrible agent de paupérisme et de massacre, qui tient l'Europe courbée et prostrée devant la gueule béante de ses canons.

Pour justifier la dépense des milliards que coûte annuellement le maintien de l'armée permanente, la bourgeoisie de tous les pays, et de France surtout, invoque la nécessité de la défense nationale. L'histoire nous montre pourtant la France révolutionnaire de 1792-93 repoussant avec ses Sans-culottes les plus formidables armées permanentes de l'époque, l'Espagne de 1808 refoulant les armées de Napoléon I, le conquérant du monde, l'Allemagne de 1813 mettant avec sa landwehr la Grande armée en déroute, le Mexique du héros Juarez, décimant les armées de Napoléon III.

Tout cela ne compte pas, ne prouve rien nous diront évidemment les aigrefins de la « science militaire ». « Depuis les époques citées, des progrès énormes ont été accomplis dans l'art de massacrer les hommes, la milice, l'armée citoyenne, seraient immédiatement pulvérisées par la savante stratégie des états-majors européens, la Prusse armée jusqu'aux dents nous guette et l'Alsace-Lorraine nous appelle de sa voix dolente. »

L'Allemagne, l'Alsace Lorraine, c'est bien la simpiternelle rengaine de nos chauvins. Examinons-la et voyons ce qui se cache sous ce patriotisme à grand orchestre. D'abord, nous nions, jusqu'à preuve du contraire, qu'une armée citoyenne, — la Nation armée, — défendant son sol, son foyer, son droit, ses principes, sa liberté, soit dans un état d'infériorité plus grand vis-à-vis des armées permanentes de 1890 que le furent les héroïques volontaires de l'an I de la République en face de la soldatesque de toute l'Europe monarchique d'alors. S'il y a eu progrès du côté des permanentes, ces progrès pourront également être utilisés par les légions révolutionnaires défendant la République contre une invasion.

Pour ce qui concerne l'Alsace-Lorraine, nous ne pouvons pas nous empêcher, tout en désapprouvant bien entendu leur conquête par la Prusse et en trouvant juste qu'elles fassent retour à la France ou soient au moins neutralisées, de constater que nos patriotes, contrairement à ce qui se passe généralement à la perte d'une personne aimée, n'ont réellement commencé à les pleurer et à geindre qu'après 1881, c'est-à-dire 10 ans après qu'elle nous furent volées. De leur côté ces provinces n'ont jamais su ou voulu protester contre l'annexion que par le canal de la cléricaille et les voix protestatrices qui étaient de 233.685 en 1887, sont tombées à 101.156 aux élections dernières du 20 février 1890. Ces chiffres parlent éloquemment...

Ce n'est donc pas le sentiment patriotique, dans ce qu'il a pu avoir de bon à des époques appartenant à l'histoire, qui fait pousser à nos revanchards de véritables hurlements de bête fauve. Nos patriotes ne sauraient non plus croire que l'avenir, un avenir prochain réserve, à 80 ans d'intervalle, une seconde apogée militaire à la France. Ils savent en outre que la population de la France, qui est de 38.219.000 habitants, n'augmente annuellement que de 2,3 par mille, tandis que celle de l'Allemagne, qui est de 46.856.000 augmente dans le même espace de temps, de 10 par mille. (11,93 pour la Prusse). De ce train, l'Allemagne aura dans environ cinquante ans d'ici deux fois le nombre des habitants de la France, et tous les cris de revanche guerrière de nos chauvins n'auront servi qu'à livrer la France garrottée et démembrée au vainqueur allemand. Une fois de plus les patriotes auront trahi la Patrie dont la véritable revanche est dans l'accroissement des arts, le développement des sciences et dans l'initiative révolutionnaire, le plus beau titre de gloire de la nation française.

A notre époque de production capitaliste, d'échange international, de science exacte, de vapeur et d'électricité, le patriotisme, ce sentiment fait de crainte, de jalousie, de haine du voisin, n'a plus aucune raison d'être.

Dépouillé de ses rodomontades revanchardes et de son hystérie sentimentale, le patriotisme de nos dirigeants apparaît sous son véritable jour *d'instrumentum regni*. Il est à l'heure actuelle, le plus puissant moyen dont dispose la bourgeoisie aux abois pour détourner les colères populaires de sa tyrannique domination, la diversion la plus habile qu'elle ait pu trouver depuis que la religion n'a plus de prise sur les masses et que le mot d'ordre de Gambetta: « le cléricalisme, voilà l'ennemi » a été à son tour reconnu pour une sornette gouvernementale.

Comme nous l'avons dit plus haut, l'agitation chauvine n'a été reprise en France, qu'environ dix années après la perte de l'Alsace-Lorraine. Ce réveil patriotique s'est d'abord manifesté par les expéditions de Tunisie et du Tonkin, par la fondation de la Ligue des Patriotes, par l'aplatissement de la République française, de la pseudo-république française devant le Czar de toutes les Russies pour s'épanouir finalement dans toute sa hideur dans l'immonde mouvement césarien, qui a failli au 27 janvier 1889, mettre la France souillée et déshonorée sous le talon du massacreur Boulanger.

La République assassinée, la marche ascendante du Socialisme enrayé pour une génération au moins, la France deshonorée et sûrement démembrée par la monarchie prussienne, tel eût été pour nous le bilan du triomphe des patriotes et des militaires. Plus que jamais il nous faut demander l'abolition de l'armée permanente et cimenter l'alliance fraternelle conclue l'été dernier avec la vaillante Démocratie socialiste d'Allemagne pour nous apprêter à fusiller ensemble, le cas échéant, dans les tranchées de Strasbourg, les soudards et les chauvins d'en deçà et d'au-delà du Rhin.

III

DES CULTES ET DE L'ÉDUCATION

Après la suppression de l'armée permanente, clé de voute de toute œuvre sérieusement démocratique, des mesures radicales et rapides s'imposent pour en finir une fois pour toutes avec les églises, les cultes, les religions et tout le fatras mystique que nous a légué le moyen-âge. Inutile de dire qu'il ne peut s'agir pour nous de réaliser l'idée de Cavour, de l'église libre dans l'état libre pas plus que de la séparation des églises et de l'état telle qu'elle existe aux Etats-Unis de l'Amérique du Nord.

Iconoclastes du passé et athées conscients du mal que l'idée de Dieu a fait à l'Humanité nous devons porter la sape jusque dans les racines les plus profondes de l'arbre empoisonné des croyances religieuses.

Le budget des cultes doit être supprimé, les biens dits de mainmorte, meubles et immeubles appartenant aux corporations religieuses y compris toutes les annexes industrielles et commerciales de ces corporations doivent être confisquées au profit de la Nation, le prêtre et les cultes proscrits de l'Etat, proscrits de la Commune.

L'instruction, purgée de tout enseignement surnaturel ne doit pas seulement être exclusivement laïque, gratuite et obligatoire, cela va sans dire, mais surtout scientifique, intégrale, civique et professionnelle.

L'énorme économie budgétaire réalisée d'ores et déjà par la suppression de l'armée permanente, la suppression du budget des cultes et la confiscation des biens appartenant aux corporations religieuses, nous permettra avant même que la société soit communistement organisée dans tous ses détails de mettre les enfants, tous les enfants, jusqu'à l'âge de 18 ans révolus pour leur entretien et leur éducation à la charge de la collectivité par l'intermédiaire de l'État, de la Région et de la Commune. La République pourra ainsi former pour la Liberté les jeunes générations en combinant savamment les travaux manuels avec les travaux intellectuels, en élevant les deux sexes ensemble l'un pour l'autre et non plus dans une séparation claustrale et en proscrivant de l'éducation, exclusivement confiée à des hommes et à des femmes de vocation, *toute peine et tout châtiment* remplacés avantageusement par *l'émulation* et des *mobiles attractifs*.

Les lois qui déterminent actuellement la majorité et qui règlent les droits des parents sur les enfants se trouveront par ce fait abolies.

D'après le code français l'homme est passible de toutes les peines, y compris la peine de mort à partir de 16 ans ; à 20 ans l'Etat lui impose le devoir le plus lourd, celui d'être soldat et pourtant ce n'est qu'à 21 ans que la loi lui accorde les droits électoraux et le déclare majeur pour gérer sa fortune, s'il en a.

Majeur, électeur, et conséquemment citoyen à 21 ans, le français ne peut pas s'il en al'envie se marier sans l'autorisation de ses parents. Sous ce rapport la France républicaine-bourgeoise est plus rétrograde que la Russie patriarcale et despotique.

Mais ce n'est pas tout. Même après 25 ans révolus l'homme, le citoyen qui est électeur, législateur ou juge peut-être, ne peut se marier sans l'autorisation de ses parents qu'après leur avoir adressé trois sommations, dites respectueuses.

L'équité, et le simple bon sens exigent que les mineurs ne soient plus soumis aux mêmes responsabilités que les majeurs et que l'homme, qui est considéré comme étant bon à 20 ans pour faire un soldat et se faire tuer pour la Patrie soit au moins déclaré majeur à cet âge en tout et pour tout.

IV

DE LA PRODUCTION

La société actuelle est une masure qui menace ruine de toutes parts, mais dont les habitants, faute d'une demeure meilleure, essayent d'étayer les poutres vermoulues. La plupart des réformes pour la rendre habitable ne sont que du mauvais replâtrage. Seuls les éléments pouvant servir de fondation à un nouvel édifice doivent être pris en considération.

Les dispositions, les plus facilement réalisables qui puissent servir de transition entre la société capitaliste et l'avenir communiste sont d'abord : la revendication de tous les prolétaires conscients et que les ouvriers anglais formulèrent les premiers par le désidératum : *huit heures de travail, huit heures de loisir, huit heures de sommeil.*

La journée de huit heures pour les adultes, devenue le premier point de la plate-forme du prolétariat Européo-Américain, aurait internationalement réalisé l'immense avantage de réduire d'une façon appréciable les chômages, de procurer à la classe ouvrière des loisirs auxquels elle n'a pu goûter jusqu'ici et d'ouvrir par là le champ à des besoins nouveaux et à des revendications plus conscientes et plus impérieuses à la fois.

La réduction de la journée de travail à huit heures, nous en avons la ferme conviction, serait, grâce au perfectionnement forcé du machinisme, à bref délai, suivi d'une réduction nouvelle, qui fixerait à *six* heures au maximum la journée de travail pour les adultes. Quant aux enfants et aux adolescents jusqu'à l'âge de 18 ans et aux vieillards à partir d'un âge à déterminer ils devront ainsi que les invalides du travail être mis à la charge de la société.

La situation de la femme en tant que productrice, en tant qu'ouvrière doit appeler ensuite toute la sollicitude de la République. Egalement éloignée de l'idéal des petits bourgeois philistins, dont les conceptions en cette matière sont déterminées par un mode de production appelé à disparaître de plus en plus, et qui veulent que la femme soit exclusivement reléguée au foyer domestique et de la pratique capitaliste d'aujourd'hui, qui escompte la prostitution pour employer la femme à un salaire inférieur à celui de l'homme, le Socialisme doit décréter et réaliser immédiatement le principe de l'égalité de rémunération à travail égal pour les travailleurs des deux sexes.

Les ouvriers étrangers occupés en France doivent aussi être mis sur un pied d'égalité pour ce qui concerne leur salaire avec nos nationaux. Défense expresse sous peine d'amende et de confiscation en cas de récidive doit être faite aux patrons de les employer à un prix inférieur à celui des ouvriers français. Ce n'est pas seulement une simple question d'équité et de justice, mais le plus sûr moyen, en attendant la réalisation de la production communiste, de mettre un terme aux antagonismes de race et de nation. Il va sans dire, que toute amende et retenue sur les salaires doit être rigoureusement interdite.

Ces mesures transitoires promptement réalisées, la République devra méthodiquement entrer dans la voie de l'expropriation capitaliste et de l'appropriation sociale.

Il est impossible de dire avec certitude si l'expropriation des détenteurs du sol et des possesseurs des usines, fabriques, chantiers et autres instruments de production devra se faire graduellement ou pourra rapidement être exécutée, si elle est pacifiquement réalisable ou s'il sera nécessaire de recourir à la violence, enfin si les propriétaires actuels seront indemnisés en partie ou déchus sans ménagement aucun, au nom de l'inflexible justice, de tous leurs droits acquis. Nous estimons que l'expropriation devra se faire aussi rapidement que possible et que des indemnités ne devront être accordées transitoirement qu'aux propriétaires, qui ne se seront pas mis en révolte ouverte contre le nouvel état de choses.

Sont d'ore et déjà à socialiser les canaux, chemins de fer, toutes les voies de transport et de communication, les mines, les grandes propriétés terriennes, les grandes Compagnies industrielles, les grands magasins, tels que

par exemple le Louvre, le Bon Marché, le .
Printemps et les grandes institutions financières.

L'organisation sociale de toutes ces forces productives portera un coup mortel à l'exploitation capitaliste et entraînera fatalement en peu de temps dans l'orbite de la production communiste ce qui sera encore resté debout de la petite culture et de la petite industrie privées. Il ne se passerait probablement pas une génération, que la République sociale débarrassée des langes de la période transitoire, puisse s'épanouir en plein communisme égalitaire et libertaire.

V

DE LA FAMILLE

La production capitaliste, en jetant l'enfant à l'usine et en obligeant l'ouvrière d'avoir recours à la prostitution pour satisfaire aux premiers besoins de l'existence, a fait autant et plus pour disloquer et discréditer dans les masses l'institution de notre famille juridique mâtinée de judaïsme et de christianisme que la sociologie et les sciences exactes en idéalisant la matière et en matérialisant l'esprit.

Le matérialisme moniste de notre temps en mettant sur un pied d'égalité les besoins moraux et physiques a réhabilité les exigences de la chair et purifié à jamais l'amour des souillures spiritualistes. De son côté, la République prenant à sa charge l'entretien, l'éducation et l'instruction des jeunes générations, pourra, sans préjudice pour les intéressés, hâter, par des mesures libératrices, le procès de décomposition de la famille actuelle.

Après avoir supprimé sans phrases, la police des mœurs, monument de honte et d'infamie que notre société du XIXe siècle conserve sans rougir, la République doit abolir tous les décrets, lois et dispositions qui établissent l'infériorité de la femme vis-à-vis de l'homme et l'infériorité des enfants naturels vis-à-vis de ceux dits légitimes.

Résolument la République devra porter la pioche dans l'institution religioso-monar-

chique du mariage, qui consacre par la répro-
bation que son existence implique aux unions
libres, la subordination et la dégradation de
la femme. Pour cela il n'est pas nécessaire
de supprimer le mariage par un décret. Les
mœurs se transforment, mais ne se decrètent
pas. Il suffira de le dépouiller de ses privilè-
ges et des avantages qu'il procure dans la
société actuelle aux conjoints sur les époux
libres.

L'égalité économique et politique pour les
deux sexes, la mise sur un pied d'égalité abso-
lue des enfants naturels avec ceux issus du
mariage ainsi qu'une loi sur le divorce rendu
facultatif, précipiteront, dans une société où
l'éducation de l'enfance sera socialement ga-
rantie, la fin de l'institution du mariage.

La femme devenue enfin libre, sera dans la
plus haute acception du mot la compagne de
l'homme, son égale en droits et son égale devant les mœurs.

VI

DE LA CRIMINALITÉ

A la fin de notre xixe siècle de libre-pensée matérialiste et transformiste, où depuis une trentaine d'années les notions scientifiques de l'irresponsabilité humaine sont communes à tous ceux qui pensent, notre code pénal est un anachronisme monstrueux.

La folie, les vices héréditaires, la misère de ceux qui produisent mise en parallèle avec l'insolente richesse des parasites, dont l'existence est faite par le vol autorisé et protégé par la loi, sont avec les fausses conceptions spiritualistes inculquées à la jeunesse, les seules causes de tous les méfaits et crimes qui troublent l'harmonie sociale et ensanglantent l'humanité.

Les crimes étant tous déterminés par l'hérédité ou les influences du milieu dans lequel ont vécu les criminels, le système répressif

et coercitif en vigueur constitue le plus viru-
lent plaidoyer contre les iniquités sociales pré-
sentes.

Notre magistrature de classe, chien de garde
des intérêts capitalistes, doit avant tout être
supprimée et remplacée par des jurys élus et
des conseils d'arbitrage.

La justice doit être essentiellement gratuite.

La peine de mort, le bagne, la prison sont à
abolir et à remplacer par une série de mesures
préventives du crime.

Les criminels étant des fous ou des mala-
des, relevent des asiles d'aliénés et de nos
soins fraternels, dette sacrée que les valides
de la société doivent aux victimes de sa mauvaise organisation.

La société n'ayant pas le droit de punir,
mais ayant le devoir de défendre ses membres
sains contre ceux qui sont gangrenés, nous
préconisons pour les criminels un système
de colonisation, où tout en vivant en hommes
libres, ils seraient soumis à une surveillance
intelligente et dévouée et pourraient après
une période d'observation, dix ans au maximum, rentrer dans leur foyer et être remis

en possession de tous leurs droits civils et
politiques.

. . . .

Dans les pages qu'on vient de lire nous
avons succintement résumé les principales
revendications du Socialisme moderne que la
République démocratique et sociale aura à
réaliser.

La ligne droite qui a toujours été la voie de
la Démocratie révolutionnaire a singulière-
ment été obstruée par les évènements de ces
dernières années.

Douze années· de régime opportuniste, de
fausse republique, ont découragé le peuple,
oblitéré le sens moral et dévoyé les esprits.
Cette politique sans principes et toute d'expé-
dients, faite de trahisons et de roublardise,
étayée par les transfuges du socialisme a, en
obscurcissant la conscience démocratique de
la Nation, ravivé les instincts serviles et igno-
bles qui sommeillent encore dans la foule et
que notre civilisation de surface n'a pu
éteindre.

Le chauvinisme, l'anti-sémitisme ont pris
une extension inusitée et le césarisme, mort

à Sedan, ressuscité dans la personne de Boulanger, a failli étouffer la République et la France dans son étreinte mortelle.

La destruction de tout vestige de pouvoir personnel et oligarchique doit plus que jamais devenir le mot de ralliement de tous ceux qui combattent sous les plis du drapeau rouge pour l'égalité de tous les êtres humains sans distinction de **nation, de sexe, de race et de couleur.**

L'idée de République, voilée et ternie aux yeux des masses par les charlatans et les traîtres, doit être rétablie dans sa conception d'égalité et de liberté révolutionnaires.

La républicanisation de l'état, de la production et de la famille tel est l'objectif de la République démocratique et sociale, de cette République du Peuple sans dieu ni maîtres, qui réalisera LA LIBERTÉ DANS L'ÉGALITÉ ET L'ÉGALITÉ DANS LA SOLIDARITÈ HUMAINE.

FRÉDÉRIC STACKELBERG.

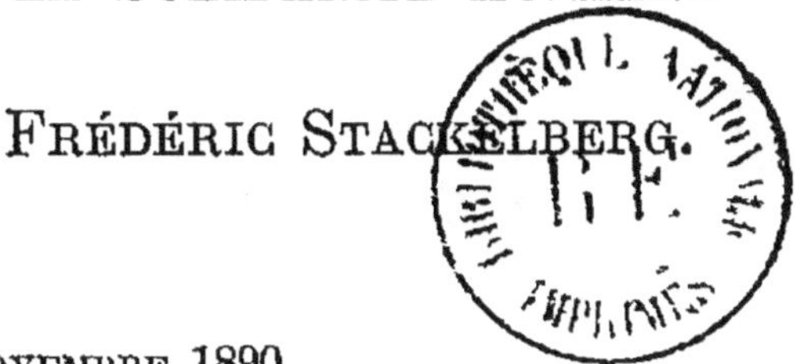

PARIS, LE 1ᵉʳ NOVEMBRE 1890.

Imp BEAUDELOT et MILLILS, 16, rue de Verneuil. — Paris

www.ingramcontent.com/pod-product-compliance
Lightning Source LLC
Chambersburg PA
CBHW061123050726
47594CB00005B/2074